Vente du Vendredi 25 Février 1870

COLLECTION

DE

FEU M. LE COMTE DE K... ölnar.

TABLEAUX MODERNES

TABLEAU PAR MURILLO

EXPOSITIONS :

PARTICULIÈRE	PUBLIQUE
Le Mercredi 23 Février 1870.	Le Jeudi 24 Février 1870.

COMMISSAIRES-PRISEURS :

M. CHARLES PILLET | M. E. MARESCHAL

EXPERT :

M. H BRAME

CATALOGUE

DE

TABLEAUX MODERNES

ET DE

UN TABLEAU PAR MURILLO

COMPOSANT

*La Collection de feu M. le comte K**** [OMAR]

ET DONT LA VENTE AURA LIEU

Par suite de son décès

HOTEL DROUOT, SALLE N° 1

Le Vendredi 25 Février 1870

A TROIS HEURES PRÉCISES

~~~~~~~~~~

COMMISSAIRES-PRISEURS

Mᵉ CHARLES PILLET	M. E. MARESCHAL
10, rue Grange-Batelière	17, rue de Trévise

EXPERT

M. H. BRAME, rue Taitbout, 17.

EXPOSITIONS :

PARTICULIÈRE : *Le Mercredi 23 Février 1870.*
PUBLIQUE : *Le Jeudi 24 Février 1870.*

DE UNE HEURE A CINQ HEURES
~~~~~~~~~~

Paris. — Imp. A. PILLET fils aîné, rue des Grands-Augustins 5.

TABLEAUX MODERNES

DECAMPS.

1 — Le baise-main.

Bois, haut. 17 cent., larg. 22 cent.

E. DELACROIX

2 — Jésus sur le lac de Génézareth.

Haut. 46 cent., larg. 57 cent.

DELAROCHE

(PAUL)

3 — Religieuse en prière.

Toile, haut. 76 cent., larg, 32 cent.

BRION

4 — Jésus marchant sur les eaux.

Toile, haut. 1 m., larg. 82 cent.

GUIGNET

(ADRIEN)

5 — Le tir à l'arc.

Bois, haut. 47 cent., larg. 91 cent.

BELLY

6 — Vue sur le Nil.

Toile, haut. 65 cent., larg. 1 m.

PROTAIS

460.

7 — La peine.

Toile, haut. 40 cent., larg. 30 cent.

———

PROTAIS

495.

8 — Le plaisir.

Toile, haut. 35 cent., larg. 26 cent.

FAUVELET

9 — La partie d'échecs.

Bois, haut. 20 cent., larg. 23 cent.

———

COUTURIER

10 — Poules et coq.

Bois, haut. 47 cent., larg. 24 cent.

———

BATAILLE

39.

11 — Le labour.

Toile, haut. 30 cent., larg. 40 cent.

LALAISE

400.

12 et 13 — Portraits de chevaux. (Deux pendants.)

Haut. 68 cent., larg. 93 cent.

AQUARELLE

LAMY

(EUGÈNE)

14 — Un souper chez le régent.

———

TABLEAUX ANCIENS

MURILLO

(ESTEBAN)

15 — Saint Jean.

Assis sur un tertre il tient dans sa main gauche la croix banderellée, il caresse de la droite un agneau. Dans le fond à droite au milieu d'un site agreste, un homme debout près d'un mulet garde un troupeau de moutons.

Provenant de la galerie du cardinal Fesch et de celle du prince de Canino.

Toile, haut. 1 m., 89 cent., larg. 1 m. 39 cent.

16 — Sainte famille au repos.

Très-belle copie ancienne.

VASE ÉTRUSQUE

2f0.

17 — Hydrie, vase noir, peinture noire sur fond
rouge.

Minerve tenant une lance d'une main, de l'autre, un
bouclier sur lequel est un serpent entre deux colonnes
surmontées d'un coq. Une inscription de haut en
bas : Τον Αθενε θενχθιον ℞. — Deux hommes nus à che-
val et au galop ayant chacun un fouet.

10f0.

18 — Piano mécanique à sept octaves, de Debain.

Pouvant servir comme piano seul à volonté.

Haut. 66 cent.

www.ingramcontent.com/pod-product-compliance
Lightning Source LLC
LaVergne TN
LVHW010308190726
843502LV00014B/3967